Inhalt

Symbol-Übersicht

	Sprich genau!	Viele Wörter schreibst du richtig, wenn du für jeden Laut, den du hörst, einen Buchstaben oder eine Buchstabengruppe setzt. („Mitsprechwörter“)
	Denke nach!	Bei manchen Wörtern kann man nicht genau hören, wie man sie schreibt. Hier hilft oft Nachdenken weiter, denn es gibt Regeln. („Nachdenkwörter“)
	Diese Wörter musst du dir merken!	Hier gibt es Besonderheiten in der Schreibweise, die du dir genau anschauen und einprägen musst.
	Schau im Wörterbuch nach!	Die Wörter sind nach dem ABC geordnet. Namenwörter findest du in der Einzahl, Tunwörter in der Grundform.
	Lege eine Wortkarte für die Wörterkartei an!	In deiner Kartei sammelst du Wörter, die du besonders üben musst. Übe sie nach dem Übungsplan auf S. 65!
	Schreibe in dein Heft!	Wenn du dieses Zeichen siehst, schreibst du die Übung in dein Schreibheft. Sonst löst du die Aufgaben direkt in diesem Arbeitsheft.
	Erzähle mit eigenen Worten!	Hier kannst du dir selbst etwas ausdenken und es aufschreiben. Du musst dabei nicht nur die Wörter aus den Aufgaben verwenden.
	Lies, erzähle und überlege mit anderen gemeinsam!	Arbeite mit einem Partner oder mit mehreren in einer Gruppe zusammen!

Lateinische Fachbegriffe

lateinische Bezeichnung:	deutsche Bezeichnung:
der **Artikel** (Mehrzahl: die Artikel)	der **Begleiter**
das **Nomen** (Mehrzahl: die Nomen)	das **Namenwort**
das **Verb** (Mehrzahl: die Verben)	das **Tunwort**
das **Adjektiv** (Mehrzahl: die Adjektive)	das **Wiewort**

Was ich schon kann

1 Schreibe die Nomen (Namenwörter) zu den Bildern auf! Beachte die Nummerierung!
Kontrolliere, indem du das Blatt an der gestrichelten Linie nach hinten knickst!

1 ______
2 ______
3 ______
4 ______
5 ______
6 ______
7 ______
8 ______
9 ______
10 ______
11 ______
12 ______
13 ______
14 ______
15 ______
16 ______
17 ______
18 ______
19 ______
20 ______

So schreibe ich richtig:

- Ich spreche mir das Wort deutlich vor und höre die Lautfolge genau ab.
- Ich überlege, welche Besonderheiten in dem Wort stecken.
- Ich schreibe das Wort auf.
- Ich überprüfe meine Schreibweise und korrigiere die Fehler.

Für Wörter, die ich falsch geschrieben habe, lege ich eine **Karteikarte** an und übe sie nach dem **Übungsplan** auf **S. 65**.

2

Welche Wörter von Aufgabe 1 sind **für dich** Mitsprechwörter?
Schreibe sie auf!

Bei **Mitsprechwörtern** setze ich für jeden Laut einen oder mehrere Buchstaben.

1 Bett
2 Kamm
3 Katze
4 Brücke
5 Fernseher
6 Radio
7 Spagetti
8 Strauß
9 Stuhl
10 Boot
11 Vase
12 Schere
13 Zahn
14 Sieb
15 Drachen
16 Hexe
17 Computer
18 Flugzeug
19 Kleid
20 Bäume

3

Welche Wörter von Aufgabe 1 sind **für dich** Nachdenkwörter?
Schreibe sie auf und markiere die Stelle, bei der du nachdenken musst!

Bei **Nachdenkwörtern** kann ich mir die Schreibweise erklären.

4

Welche Wörter von Aufgabe 1 sind **für dich** Merkwörter?
Schreibe sie auf und markiere die schwierigen Stellen!

Merkwörter muss ich mir besonders einprägen.

5

Beschreibe das Bild auf S. 3 in Sätzen!
Fällt dir eine Geschichte dazu ein? Schreibe sie auf!

Ab- und aufschreiben – Schritt für Schritt

So schreibe ich richtig ab:
- Ich lese und spreche das Wort/den Sinnschritt genau.
- Ich merke mir schwierige Stellen und mache mir die Schreibweise klar.
- Ich schreibe das Wort/den Sinnschritt auswendig auf.
- Nun vergleiche ich mit der Vorlage und verbessere die Fehler.

1 Schreibe die Wörter ab!

Straßen Plätze Post Supermarkt Krankenhaus Polizei
Rathaus Bücherei Sporthalle Schwimmbad Kino Theater

2 Hier sind weitere Wörter für dein Abschreibtraining.

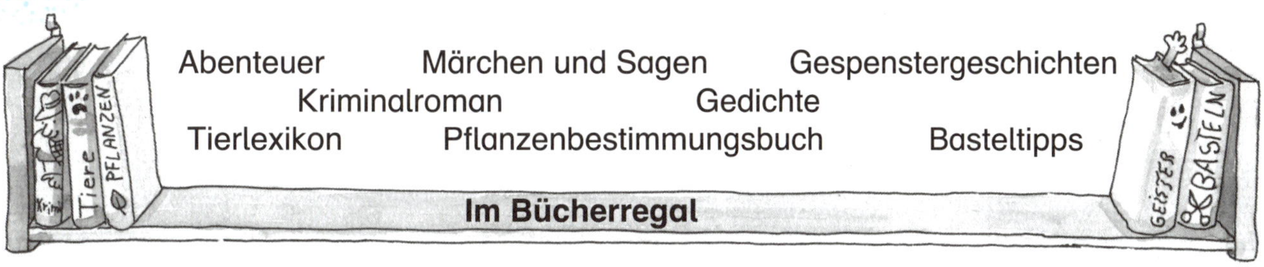

Abenteuer Märchen und Sagen Gespenstergeschichten
Kriminalroman Gedichte
Tierlexikon Pflanzenbestimmungsbuch Basteltipps

3  Suche Bücher, die zu den Begriffen von Aufgabe 2 passen, und notiere ihre Titel!

4 Schreibe die Wörter in dein Heft ab!

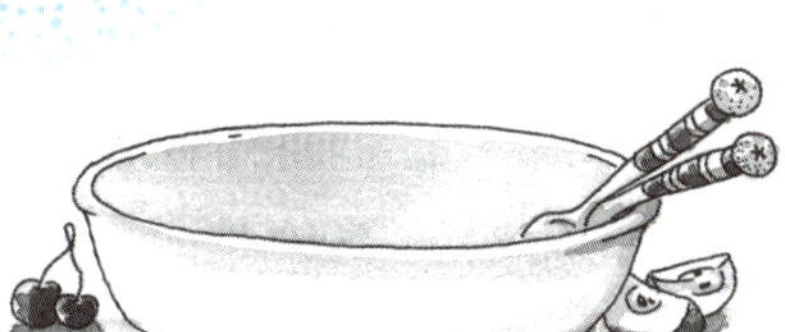

Äpfel	Weintrauben	waschen
Birnen	Rosinen	schälen
Bananen	Walnüsse	entkernen
Apfelsinen	Zitronensaft	zerkleinern
Pflaumen	Honig	mischen

5 Löse das Kreuzworträtsel!

waagrecht:
1 elektrische Entladung während eines Gewitters
2 Gegenteil von **verlieren** (im Spiel)
3 einen Kuchen herstellen
4 anderes Wort für **Dieb**
5 Gegenteil von **nimmt**

senkrecht:
6 Wohnstätte der Ritter
7 anderes Wort für **Doktoren**
8 geflochtene Behälter
9 Körperteil, mit dem du greifen kannst
10 ein Schneidewerkzeug
11 sich im Wasser bewegen

6 Schreibe die **Nomen** (Namenwörter) aus dem Kreuzworträtsel **mit Artikel** (Begleiter) in der **Einzahl** und **Mehrzahl** auf!

7 Schreibe die **Verben** (Tunwörter) aus dem Kreuzworträtsel in der **Grundform, ich-Form** und **er-/sie-/es-Form** auf!

8 Ordne die Wörter aus dem Kreuzworträtsel den Rechtschreibfällen zu!

Bei Wörtern mit **ä** oder **äu** suche ich mir verwandte Wörter mit **a** und **au**.

Schreibe ich **b, d, g** oder **p, t, k am Ende des Wortstammes**? Ich setze Nomen in die Mehrzahl und Verben in die Grundform.

Vor **tz** steht immer ein kurzer Selbstlaut. Ich trenne so: Hit-ze

Höre ich nach einem **kurzen** betonten Selbstlaut nur **einen Mitlaut**, so wird dieser meistens **verdoppelt**.

Vor ck steht immer ein **kurzer** Selbstlaut. Ich trenne so: Schne-cke

9 Suche in der Liste auf **S. 60 – 61** weitere Wörter, die du einordnen kannst!

10 Wähle dir für jeden Rechtschreibfall ein schwieriges Wort aus und lege eine Karte für deine Wörterkartei an!

Zur Kartei s. S. 65

Kreuz und quer durch das Wörterbuch

1 Schlage die Wörter im Wörterbuch nach und schreibe sie nach dem ABC geordnet mit Artikel (Begleiter) ab!

1 ______	6 ______
2 ______	7 ______
3 ______	8 ______
4 ______	9 ______
5 ______	10 ______

2 Schlage nach und schreibe die Wörter mit Artikel (Begleiter) in Silben getrennt ab!

In|di|a|ner	______	Tem|pe|ra|tur	______
Com|pu|ter	______	We|cker	______
O|ze|a|ne	______	Me|di|en	______
The|a|ter	______	Ei|dech|se	______

3 Schlage die Mehrzahl dieser Nomen (Namenwörter) nach und schreibe sie mit Artikel (Begleiter) ab!

das Handy	______	der Cent	______
das Lexikon	______	der Atlas	______
das Zeugnis	______	das Geld	______
der Rhythmus	______	die Linie	______

4

Zerlege die zusammengesetzten Nomen (Namenwörter) in Grund- und Bestimmungswort! Schlage nach und notiere die Seitenzahl! Beispiel:

 *der Schlüssel* (S. …), *die Blume* (S. …) → *die Schlüsselblume*

 ________ ( ), ________ ( ) → ________

 ________ ( ), ________ ( ) → ________

 ________ ( ), ________ ( ) → ________

 ________ ( ), ________ ( ) → ________

 ________ ( ), ________ ( ) → ________

5

Zerlege die zusammengesetzten Adjektive (Wiewörter)!
Schlage nach und notiere die Seitenzahl! Beispiel:

strohtrocken → *das Stroh* (S. …), *trocken* (S. …)

zuckersüß → ________ ( ), ________ ( )

fingerdick → ________ ( ), ________ ( )

messerscharf → ________ ( ), ________ ( )

pfleilschnell → ________ ( ), ________ ( )

randvoll → ________ ( ), ________ ( )

6

Verben (Tunwörter) verändern sich oft in den verschiedenen Zeitstufen.
Ergänze die Tabelle mit Hilfe des Wörterbuchs und notiere die Seitenzahl!

er-/sie-/es-Form Gegenwart	er-/sie-/es-Form 1. Vergangenheit	Grundform	Seite im Wörterbuch
es wiegt			
er sieht			
	sie ließ		
es frisst			
	sie kam		
	er log		
es geht			

7 Welche verwandten Wörter findest du zu diesen Wörtern im Wörterbuch? Schreibe sie heraus!

der **Frost**

schaden

lesen

frisieren

kühl

das **Land**

8 Unter welchen Nomen (Namenwörtern) findest du die folgenden Adjektive (Wiewörter) im Wörterbuch? Schreibe sie mit Artikel (Begleiter)!

gebirgig

himmlisch

ängstlich

kräftig

stürmisch

hungrig

flüssig

stündlich

Lus-ti-ge Ge-schich-ten

Dunkel war's, der **Mond schien hell**,
Schnee lag auf der **grünen Flur**,
als ein **Wagen blitzeschnell**
langsam um die **runde Ecke fuhr**.

Drinnen **saßen** stehend **Leute**,
sprangen wild herum und **riefen**,
als zwei **Hasen tief** im **Tal**
hoch am **Berge Schlittschuh liefen**.

Und ein **alter blonder Junge**
mit **kohlrabenschwarzem Haar**
saß auf einer **blauen Kiste**,
die **rot** angestrichen **war**.

1 Lies das Gedicht laut und setze Silbenbögen unter die hervorgehobenen Wörter!
Markiere in diesen Wörtern die Selbstlaute rot!

2 Ordne die hervorgehobenen Wörter richtig ein!
Schreibe mit Silbentrennung!

	Nomen (Namenwörter)	**Verben** (Tunwörter)	**Adjektive** (Wiewörter)
1 Silbe			
2 Silben			

3 oder mehr Silben: ______________________________

____

3 Setze die Silbenbögen und markiere die Selbstlaute rot! Entdeckst du die Lösungswörter? Achte auf die Großschreibung der Nomen (Namenwörter)!

M a t o t e	gelbe Südfrucht					
L i d e n a m o	Süßigkeit aus Kakao					
N a b a n e	Brotaufstrich aus Früchten					
M a r l a d e m e	rote Frucht					
L a s c h o k o d e	Getränk					

4 Setze die Silben zu Verben (Tunwörtern) zusammen!
Schreibe Wortpaare nebeneinander! Beispiel: *su-chen - fin-den*

su	den
ho	chen
la	zen
re	len
schwit	chen

__________ – __________

__________ – __________

__________ – __________

__________ – __________

__________ – __________

brin	den
fin	nen
wei	gen
schwei	ren
frie	gen

5 Bilde aus den Silben 6 Adjektive (Wiewörter)! Schreibe sie mit Silbentrennung in die linke Spalte! Beispiel: *blei-schwer*

blei	klit
kun	patsch
su	zu
cker	per
ter	ze
bunt	klein
klug	nass
schwer	süß

__________ ⟷ __________

__________ ⟷ __________

__________ ⟷ __________

__________ ⟷ __________

__________ ⟷ __________

__________ ⟷ __________

6 Schreibe in die rechte Spalte Adjektive (Wiewörter) mit gegenteiliger Bedeutung!
Beispiel: *klit-ze-klein* ⟷ *rie-sen-groß*

7 Schreibe eine lustige Geschichte! Z. B.:
- Ein seltsamer Tag (Am Abend wache ich auf und am Morgen gehe ich zu Bett ...)
- Der klitzekleine Elefant und die riesengroße Maus
- ...

Wir spielen mit Wortbausteinen

1 Mit diesen Wortbausteinen können viele Verben (Tunwörter) zusammengesetzt werden. Schreibe die Wörter auf und rahme den Wortstamm ein! Beispiel: *an[bau]en*

____

____

____

____

2 Setze passende Wörter aus Aufgabe 1 in die Sätze ein!

Die Kinder spielen mit Wortbausteinen.

Sie wollen damit neue Wörter ____________________ .

Man kann Steine an schon bestehende Teile ____________________

oder in Lücken ____________________ .

Man darf die Steine waagerecht und senkrecht ____________________ .

3 Bilde mit jedem Wortstamm drei Verben (Tunwörter) mit Vorsilben und trage sie ein!

aus ab auf ver an ein

geh **sag** **fahr**

en

Vorsilbe	**Stamm**	Endung	Vorsilbe	**Stamm**	Endung	Vorsilbe	**Stamm**	Endung
aus	*sag*	*en*						

4 Bilde mit den drei Wörtern einer Wortfamilie passende Sätze!

5 Zerlege die Wörter in ihre Wortbausteine! Markiere den Wortstamm farbig!
Beispiel: AN | HÖR | EN

ANHÖREN HALTBAR EN

VERRATEN AUFGEBEN LÖSLICH UNG

AUFLÖSEN BESCHREIBUNG EN

VORTRAG LESBAR ER

6 Schreibe die Wörter nach Wortarten geordnet auf! Achte auf die Groß- und Kleinschreibung!

Nomen (Namenwörter) mit **Artikel** (Begleiter)	**Verben** (Tunwörter)	**Adjektive** (Wiewörter)

7 Schreibe die Wörter aus der Tabelle heraus, die zu diesen drei Wörtern passen! Suche dann weitere verwandte Wörter!

Nomen (Namenwörter) schreibe ich **groß**!

8 Wähle Wörter aus Aufgabe 8 aus und bilde Sätze damit!
Beispiel: *Sie schreibt gut lesbar.*

Von Tieren und Menschen

Tante Lisas Papagei Laura
hat ein glänzendes blau-grünes Gefieder
und prächtige rote Schwanzfedern.
Er hat einen kräftigen krummen Schnabel.
Die langen Zehen mit den gebogenen Krallen
können wie eine Zange bewegt werden.
Laura ernährt sich von Nüssen, Samenkörnern und Obst.
Mit den Zehen kann sich der Papagei gut an der Stange im
Käfig festhalten und darauf herumturnen. Mit Hilfe des Schnabels
klettert er auch wie ein kleines Äffchen die Gitterstäbe hinauf.
Laura kann sogar sprechen und in den höchsten Tönen pfeifen.
Die ganze Familie hat Laura in ihr Herz geschlossen.

1 Unterstreiche die **Nomen** (Namenwörter) im Text!

2 Ordne die Nomen (Namenwörter)! Markiere den großen Anfangsbuchstaben!

Menschen, Tiere: ______________________________

Körperteile: ______________________________

Pflanzen, -teile: ______________________________

Dinge: ______________________________

Welche Nomen (Namenwörter) kannst du nicht zuordnen? ______________________________

3 Wie sieht der Papagei aus? Schreibe die passenden Wörter aus dem Text heraus!

Laura hat ein ______________________________ Gefieder

und ______________________________ Schwanzfedern.

Laura hat einen ______________________________ Schnabel.

Die ______________ Zehen mit den ______________ Krallen

können wie eine Zange bewegt werden.

4 Unterstreiche in Aufgabe 3 Nomen (Namenwörter) und Artikel (Begleiter)
und markiere den großen Anfangsbuchstaben!
Beispiel: ... *ein glänzendes blau-grünes Gefieder*

5 Schreibe zu diesen Überschriften die passenden Sätze aus dem Text über Laura heraus!

Tierart und Name: ... - *Aussehen:* ... - *Nahrung:* ... - *Verhalten:* ...

Ich gehe beim Abschreiben so vor, wie ich es auf **Seite 5** gelernt habe!
Längere Sätze teile ich in Sinnschritte ein.

Tante Lisas Papagei Laura | hat ein glänzendes | blau-grünes Gefieder | und prächtige rote Schwanzfedern. | Er hat ...

glänzend Glanz, glänzende Federn

das Gefieder Nomen groß!

Er ... Satzanfang groß!

6 Kennzeichne alle Wörter mit großem Anfangsbuchstaben! Begründe die Großschreibung! Schreibe den Text dann in Sinnschritten in dein Heft!

Liebe Frau Hinze,
nun versorge ich schon seit zwei Wochen Ihre Katze.
Es macht mir viel Spaß, meine Freizeit mit ihr zu verbringen.
Seit zwei Tagen frisst sie aber kaum noch etwas.
Ich weiß leider nicht, woran es liegt.
Glauben Sie, dass ich mit ihr zum Tierarzt gehen muss?
Viele Grüße
Ihr Simon

Anredewörter wie **Sie, Ihre, Ihnen** groß!

7 Schreibe den Brief richtig mit Groß- und Kleinschreibung auf!

- Zeichne mit einem senkrechten Strich ein, wo ein Satz zu Ende ist!
- Markiere den ersten Buchstaben im darauf folgenden Satz!
- Suche alle Nomen (Namenwörter), unterstreiche sie und markiere den Anfangsbuchstaben!
- Schreibe den Text nun richtig mit Groß- und Kleinschreibung auf!

LIEBER SIMON,
VIELEN DANK FÜR DEINEN BRIEF! UM DIE GESUNDHEIT MEINER KATZE BRAUCHST DU DIR KEINE SORGEN ZU MACHEN. MANCHMAL FRISST SIE NICHT, WEIL IHR DAS FUTTER NICHT SCHMECKT. SIE IST EIN KLEINES LECKERMAUL. GIB IHR DOCH ETWAS PUTENFLEISCH INS FUTTER.
FÜR DIE NÄCHSTE WOCHE WÜNSCHE ICH DIR NOCH VIEL SPAß MIT IHR!
VIELE GRÜßE
DEINE FRAU HINZE

8 Schreibe zum Thema: **Mein Lieblingstier**

Wir schreiben **groß**: • Namenwörter, • Satzanfänge,
• Anredewörter der Höflichkeitsform wie **Sie, Ihr/Ihre, Ihnen.**

„Entschuldigung, wissen Sie den Weg?"

sagt – fragt – erkundigt sich – antwortet – meint – ruft – erklärt – …

1 Suche dir einige Personen aus und schreibe auf, was sie sagen!
Beispiel: *Der Herr mit der Brille meint: „Das ist nicht weit."*

2 Hast du alle Satzzeichen richtig gesetzt? Markiere **Punkt**, **Fragezeichen**, **Ausrufezeichen**, **Doppelpunkt** und **Anführungszeichen** farbig!

3 Schreibe zum Bild weitere Sätze mit Begleitsatz und wörtlicher Rede!

4 Unterstreiche wörtliche Rede und Begleitsatz mit verschiedenen Farben!
Markiere alle Satzzeichen farbig!

„Schön dich zu sehen!", ruft Marina.
„Wie war die Fahrt?", fragt Simon.
„Es lief alles prima", antwortet Jasmin.

5 Tausche Begleitsatz und wörtliche Rede nach dem Muster von Aufgabe 4! Beachte: Der nachgestellte Begleitsatz wird **mit Komma abgetrennt**. Der **Punkt** beim Aussagesatz **entfällt**.

Simon erkundigt sich: „Hattest du gleich Anschluss?"
Jasmin berichtet: „Beim Umsteigen musste ich mich beeilen."
Sie erklärt: „Der erste Zug hatte etwas Verspätung."
Marina meint: „Dann hättest du den nächsten Zug nehmen müssen."
Jasmin lacht: „Aber ihr hättet ganz schon dumm dagestanden."

6 Finde beim lauten Lesen die wörtliche Rede heraus und betone sie besonders!
Setze alle fehlenden Zeichen farbig ein und schreibe den Text dann ins Heft!

Mach's dir erst mal bequem   schlägt Vater vor
Ich habe großen Durst   sagt Jasmin   Könnte ich etwas zu trinken haben   bittet sie
Vater bringt ihr ein Glas Limonade und fragt   Hast du auch Hunger
Nein, vielen Dank   antwortet Jasmin   Nun bin ich wunschlos glücklich
erklärt sie strahlend.

7 Die Kinder sprechen darüber, was sie am nächsten Tag unternehmen wollen.
Schreibe ein Gespräch mit wörtlicher Rede und Begleitsätzen!

Das Pferd auf dem Kirchturm – ein nicht alltägliches Erlebnis

Ich zog im Winter nach Moskau. Das war klug. Denn im Frühjahr und Herbst bleibt man im Matsch stecken und im Sommer ist alles voller Sand und Staub. Nun war das Land so zugeschneit, dass ich oft weder Weg noch Steg sah. Ich fror am ganzen Leib. Der Wind wehte so eisig, wie ich es noch nie erlebt hatte.

Am Abend stieg ich von meinem Pferd und band es an einem Zaun fest. Dann legte ich mich auf meinen Mantel und schlief bald ein. Als ich aufwachte, war es Tag. Ich blickte mich um und fand, dass ich gesund und munter auf einem Kirchhof lag. Aber wo war mein Pferd? Hatte es jemand gestohlen, während ich schlief? Da hörte ich es laut wiehern und sah, wie es oben am Kirchturm wild strampelte. Unglaublich! Ich verstand es nicht und fragte mich: „Wie konnte das geschehen?“

1 In der Geschichte findest du Wörter, in denen **b, d, g** wie **p, t, k** klingt (z. B. blei**b**t, San**d**, zo**g**). Untersteiche sie!

2 Schreibe diese Wörter nach Wortarten geordnet auf!

Nomen (Namenwörter)	**Verben** (Tunwörter)	**Adjektive** (Wiewörter)
		Sonstige Wörter

3 Verlängere die **Nomen** (Namenwörter), damit du **b, d, g** am Ende des Wortstammes hörst! Beispiele: *der Weg - die We-ge; der Sand - san-dig*

4 Das Wort **Herbst** kannst du nicht verlängern, du musst es dir einprägen. Bilde zusammengesetzte Nomen (Namenwörter) und schreibe sie mit Artikel (Begleiter) in dein Heft!

Früh- Spät- **Herbst** Tag Ferien Laub

5 Verlängere die **Verben** (Tunwörter), damit du **b, d, g** am Ende des Wortstammes hörst! Beispiele: *ich zog - wir zo-gen*

6 Setze die **Adjektive** (Wiewörter) vor ein **Nomen** (Namenwort)! Beispiel: *klug - der klu-ge Plan*

7 Verwende die „sonstigen Wörter" in Sätzen und schreibe sie in dein Heft!

das Pferd	← *d* →	*die Pfer-de*
er bleibt	← *b* →	*blei-ben*
klug	← *g* →	*ein klu-ger Plan*

b, d, g am Ende des Wortstammes höre ich, wenn ich das Wort verlängere.

8 Zerlege die zusammengesetzten Nomen (Namenwörter)! Beispiel: Schreib | heft
Schreibe die sechs Verben (Tunwörter) in der Grundform in die Kugel!

Schreibheft Schreibtisch Schraubverschluss
Klebstoff Tragfläche Steigbügel Treibeis

schreiben, das Heft, das Schreibheft

9 Schreibe nun alle Wörter wie im Beispiel auf!

10 Bilde weitere zusammengesetzte Nomen (Namenwörter) mit den Verben (Tunwörtern) aus Aufgabe 8 als Bestimmungswort!

11 Suche verwandte Wörter zu den Adjektiven (Wiewörtern)! Das Wörterbuch hilft dir.

rund

gesund

halb

12 Erfinde eine eigene Lügengeschichte! Zum Beispiel: **Eine Reise zum Mond**

Seeräuber suchen nach Schätzen

1 Wie heißt das Schiff der Seeräuber? Löse das Rätsel!

Das Boot fährt mit  _ _ _ _ _ _ _ und  _ _ _ _ _ _ beladen (1)

zur Schatzinsel.

Dort wachsen nur ein paar  _ _ _ _ _ _,  _ _ _ _ _ (2)

und  _ _ _ _ _ _ _ _ _ _.

Man sieht die  _ _ _ _ _ _ (3) von kleinen  _ _ _ _ _ _ _.

Die Möwen tragen  _ _ _ _ _ in ihren  _ _ _ _ _ _ _ _ _ (4) fort.

Zwei  _ _ _ _ _ schauen durch  _ _ _ _ _ _ _ _ _ _ (5) (6)

hinaus auf das Meer.

Das Schiff der Seeräuber heißt: 

2 Suche zu den **Nomen** (Namenwörtern) mit **ä/äu** verwandte Wörter mit **a/au**!
Beispiel: *die Säcke - der Sack*

3 Bilde **zusammengesetzte Nomen** (Namenwörter)! Beispiel: *Wellenkämme*

Wellen  Mast  Sand  Fern  Schnecken 

4 Bilde zur **Grundform** der **Verben** (Tunwörter) die **er-, sie-, es-Form**!
Beispiel: *fahren - sie fährt*

5 Welches **Verb** (Tunwort) mit **ä/äu** passt zum Bild? Verwende es in einem kurzen Satz!
Beispiele: *Er fährt zur Insel. Sie hält sich fest.*

6  Schreibe längere Sätze zu den Bildern in dein Heft! Beispiel:
Der Matrose trägt seine kostbaren Schätze in das Haus auf der Insel.

7 Suche die verwandten **Nomen** (Namenwörter) oder **Adjektive** (Wiewörter)!
Beispiele: *ängstlich - die Angst, die Gefahr - gefährlich*

Adjektiv ←→ Nomen		**Nomen ←→ Adjektiv**	
ängstlich –		die Gefahr –	
häuslich –		das Jahr –	
häufig –		der Glanz –	
kräftig –		der Tag –	
schläfrig –		die Macht –	

8 Suche die verwandten Wörter! Male sie mit gleicher Farbe an und schreibe sie in dein Heft! Beispiel: *der Bau, das Gebäude, bauen*

9 Schreibe zu den Bildern passende **Nomen** (Namenwörter) auf!

⚠ Diese Wörter mit **ä/äu** kann man nicht von Wörtern mit **a/au** ableiten.
Präge sie dir ein und übe sie mit Aufgaben von **S. 65**!

10 Erfinde zu dem Bild auf S. 22 eine Seeräubergeschichte!

er hält	←ä→	*halten*
er räumt	←äu→	*der Raum*
ängstlich	←ä→	*die Angst*

Wir schreiben Wörter mit **ä** oder **äu**, wenn wir sie von Wörtern mit **a** oder **au** ableiten können.

Wie kommen wir ans Ziel?

S p ie _
W ___ _ _
S p ___ _ _ _
Z _ ___ _ _ _
P _ _ ___ _
D ___ _
T ___ _ _
K _ ___ _
R ___ _ _
Z ___ _ _
L ___ _
B _ ___ _
M ___ _ _
B ___ _ _
F _ ___ _ _
S t ___ _
Z ___ _

1 Suche den Weg durch den Irrgarten, der dich an *allen* Kreisen *einmal* vorbeiführt! Setze Wörter mit **ie** ein und schreibe sie in die passende Zeile!

2 Markiere die Selbstlaute in den betonten Silben farbig!

3 Setze die Nomen (Namenwörter) in die Mehrzahl und schreibe sie in Silben getrennt auf! Beispiel: *die Spie-le*

4 Schreibe zu den Lösungswörtern vollständige Sätze in dein Heft!
Beispiel: *Wir spielen ein Spiel.*
Fallen dir neue Sätze ein?

5

Welche Verben (Tunwörter) gehören zusammen? Markiere sie mit gleicher Farbe!
Stelle die verschieden Formen in der Tabelle zusammen!

stieß lief stoßen rufen rieb stieg
schreiben bleiben fallen fiel laufen
steigen
reiben schrieb blieb rief

Grundform	1. Vergangenheit, er/sie/es-Form	1. Vergangenheit, wir-Form

6

Schreibe lustige Sätze!

40
7
4
14
17

Riesen
Fliegen
Bienen
Ziegen
Tiere

liegen
spielen
fliegen

liefen
schliefen

... friedlich auf der Wiese.

... zum Ziel.

Sieben Fliegen fliegen um die Wette zum Ziel.

das Ziel	ie	die Zie-le
ich lief	⟷	wir lie-fen

7 Schreibe die Wörter der Liste mit Artikel (Begleiter) auf die passenden Zettel!

Tiere

Pflanzen

Arbeit, Technik

Unterhaltung, Freizeit

Maßangaben, Zeit

Bücher

Apfelsine
Benzin
Bibel
Biber
Fabrik
Fibel
Gitarre
Igel
Kapitel
Kilo
Kino
Krokodil
Lilie
Liter
Maschine
Minute
Musik
Petersilie
Ski
Termin
Tiger
Titel
Turbine
Zitrone

8 Welche Maschinen kennst du?
Beispiel: *Nähmaschine, …*

9 Bilde zusammengesetzte Nomen (Namenwörter) mit Wörtern aus der Liste!
Beispiele: *der Biberbau, die Feuerlilie*

K *der Ti-ger* ! *die Ma-schi-ne*

Die Wörter
mit **i** merke
ich mir.
Ich übe sie mit
Aufgaben vom
Übungsplan S. 65.

Viele Wörter aus dem Vulkan

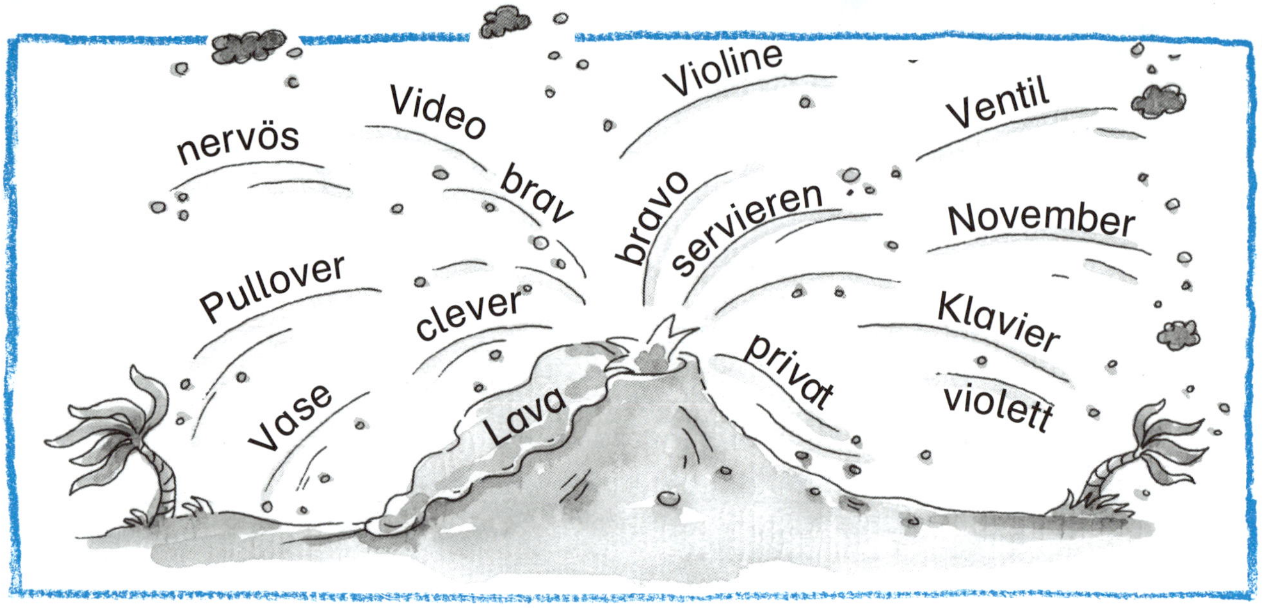

1 Markiere **V/v** in den Wörtern! Kennzeichne auch andere für dich schwierige Stellen!

2 Schreibe die Wörter nach dem ABC geordnet ab!

1 ______ 6 ______ 11 ______

2 ______ 7 ______ 12 ______

3 ______ 8 ______ 13 ______

4 ______ 9 ______ 14 ______

5 ______ 10 ______ 15 ______

3 Wie heißt der Vulkan? Löse das Rätsel!

1 Tier, das fliegen kann
2 lateinischer Name für Tunwörter
3 Blumengefäß
4 feuerspeiender Berg
5 glühendes Gestein

Lösung: feuerspeiender Berg in der Nähe Neapels → ☐☐☐☐☐

4 Sprich dir das Lösungswort laut vor! Was fällt dir auf?
Trage die Aussprache für **V/v** in die Sprechblasen ein!

Ich spreche und höre w oder f.

⚠

Ich schreibe **V/v**.

5 Notiere auch bei den folgenden Wörtern die Aussprache!
Ordne die Wörter in die Tabelle ein! Suche weitere Beispiele!

Silvester | vierzig | bevor | Vogel | Pavian

Villa | Vitamine | vielleicht | Advent

Vatikan | voll | Vater

V/v gesprochen wie w :	**V/v gesprochen wie** f :

6 Markiere die verwandten Wörter mit gleicher Farbe und
schreibe sie wie im Beispiel: *der Verein, vereinen*

Verein **Verbot** **Verbraucher** **Verlierer** **Vorsicht** **Versuch**

versuchen **vereinen** **verbieten** **verbrauchen** **vorsichtig** **verlieren**

7 Sammle weitere Wörter mit **V/v** und gestalte damit ein **V/v**-Plakat!

der Vogel, vor, versuchen *die Vase, der Advent*

f ← *V, v* → w

Entdeckungsreise

Im Jahr 1911 entschließt sich der Entdecker Hiram Bingham zu einer Reise nach Peru. Er hofft dort Spuren der versunkenen Kultur der Inkas zu entdecken. In einem entbehrungsreichen Marsch entlang tiefer Schluchten erreicht er die Anden. Er entscheidet sich einem Pfad zu folgen und findet auf einem Bergrücken die vom Urwald überwucherte Stadt Machu Picchu. Bingham entwickelt einen Plan, wie er die Pflanzen von den Mauern entfernen kann. Er entreißt dem Dschungel eine Stadt, in der es bis heute viele Geheimnisse zu entschlüsseln gibt. So konnte noch immer nicht enträtselt werden, wann diese sagenumwobene Stadt entstanden ist.

1 In diesem Text entdeckst du viele Wörter mit der Vorsilbe **ent-, Ent-**.
Unterstreiche sie und schreibe sie heraus! Rahme die Vorsilbe ein!

2 Schreibe die Wörter mit Silbentrennung auf! Beispiel: *Ent-de-ckungs-rei-se*

3 Ordne diese Wörter nach dem ABC!

4 Suche zu diesen Wörtern verwandte Wörter!
Beispiel: *sich entschließen, der Entschluss, entschlossen, …*

5 Setze passende Verben (Tunwörter) in die Sätze ein!

Gehen wir nach links oder rechts? Wir müssen uns ____________________ .

Wir dürfen uns nicht zu weit vom Zeltplatz ____________________ .

Auf der Reise ____________________ viele Fotos.

Zu Hause lassen wir die Filme ____________________ .

Nun müssen wir uns ausruhen und ____________________ .

entstehen entschuldigen entfernen entlassen
entscheiden entwickeln entbehren entspannen

6 Aus den Verben (Tunwörtern) im Rahmen von Aufgabe 5 kannst du durch Anhängen der Endung **-ung** Nomen (Namenwörter) bilden. Schreibe die Wörter wie im Beispiel:

entstehen - die Entstehung

____

____

____

____

7 Unterstreiche den großen Anfangsbuchstaben in den Wörtern mit **-ung**!

8 Zerlege die Nomen (Namenwörter) von Aufgabe 6 in ihre Wortbausteine!
Beipiel: Ent | steh | ung ⟶ *Ent* *steh* *ung*

____

____

____

____

9 Stelle dir vor, du warst bei der Entdeckungsreise von Hiram Bingham dabei!
Was könntest du erlebt haben?
Schreibe es auf!

Wir spielen Kofferpacken

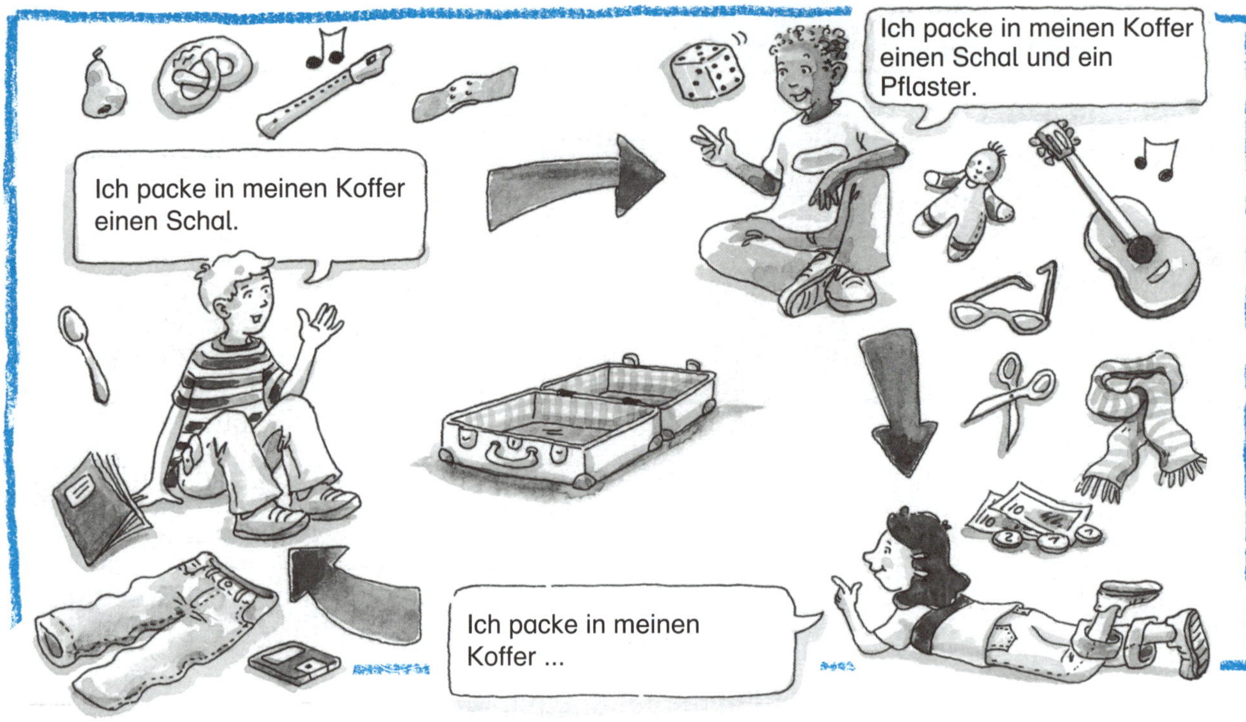

1 Benenne die abgebildeten Dinge und schreibe die Wörter auf!
Kontrolliere mit dem Wörterbuch!

2 Setze unter die Wörter von Aufgabe 1 die Silbenbögen! Kennzeichne die Länge der Selbstlaute in der betonten Silbe: _ (lang gesprochen) oder . (kurz gesprochen)!

3 Ordne die Wörter nun in die Spalten ein!

ein Mitlaut nach einem **langen** betonten Selbstlaut _	**zwei verschiedene Mitlaute**	**zwei gleiche Mitlaute („Doppelmitlaut“)**

nach einem **kurzen** betonten Selbstlaut .

4 Sprich dir die Wörter mehrmals deutlich vor: Wird der Selbstlaut in der betonten Silbe kurz oder lang gesprochen? Kennzeichne ihn mit • oder _!

5 Ordne die Wörter in die Tabelle ein! Schreibe ähnlich klingende Wörter nebeneinander! Setze die Silbenbögen! Beispiel: Miete - Mitte

–	•

Hier ist der betonte Selbstlaut **lang**. Er steht **am Ende** der Silbe.

Hier ist der betonte Selbstlaut **kurz**. Er steht **in der Mitte** oder **am Anfang** der Silbe.

6 Schreibe jedes Wort noch einmal mit Silbentrennung daneben!

7  Schlage die Wörter im Wörterbuch nach und schreibe verwandte Wörter heraus!

Der fliegende Koffer

Es war einmal ein junger Mann. Der war sehr nett, aber auch sehr faul. Bis zum Mittag lag er im Bett. Bei der Arbeit traf ihn sein Vater, ein reicher Herr, kaum an. Aber auf der Rennbahn und im Ballsaal kannten ihn alle. Und wenn es um Geld ging, stellte er sich sehr dumm an. Das war sein schlimmster Fehler.
Als der Vater starb, erbte sein Sohn ein großes Vermögen. Für kurze Zeit schwamm er im Geld. Aber er gab es schnell aus und gewann nichts dazu.
Bald war er arm wie ein Bettler. Nur ein alter Koffer stand noch im Keller. Der war völlig leer. Aber man musste nur ein bisschen an seinem glatten Griff ziehen, dann konnte er fliegen. Der junge Mann kletterte in den Koffer und flog los.
Eine tolle Reise begann. ...

1 Unterstreiche im Text alle Wörter mit doppeltem Mitlaut!

2 Ordne diese Wörter nach Wortarten!

Nomen: ______________________________

____

____

Verben: ______________________________

____

____

Adjektive: ______________________________

____

____

Sonstige Wörter: ______________________________

3 Setze die Silbenbögen!

4 Mache dir bei den **Nomen** die Schreibweise mit Doppelmitlaut klar:

- Schreibe mit Silbentrennung! *der Kof-fer*
- Verlängere einsilbige Wörter! *das Bett - die Bet-ten*
- Suche verwandte Wörter: *der Bettler - bet-teln*
- Zerlege zusammengesetzte Nomen! *der Ballsaal - der Ball, die Bäl-le, der Saal*

5 Begründe die Schreibweise dieser zusammengesetzten Nomen!
Beispiel: *die Brennnessel - bren-nen, die Nessel*

Brennnessel **Schwimmmeister** **Schifffahrt** **Bestellliste** **Betttuch**
Rollladen **Schlusssatz**

6 Schreibe die **Verben** aus Aufgabe 2 wie im Beispiel: *er konnte - er kann - kön-nen*

7 Setze die **Adjektive** von Aufgabe 2 vor ein Nomen: *nett, der net-te Junge*

8 Ergänze die fehlenden Vergleichsformen!

9 Schreibe Sätze auf! Beispiel:
Der Koffer fliegt gut.
Er fliegt besser als ein Vogel.

Der Koffer	fliegt ...
Sein Leder	ist ...
Der Griff	glänzt ...

10

Bilde Nomen mit der Endung **-in** und schreibe sie in der Einzahl und Mehrzahl auf!

Achtung: **-in**,
aber: **-innen**!

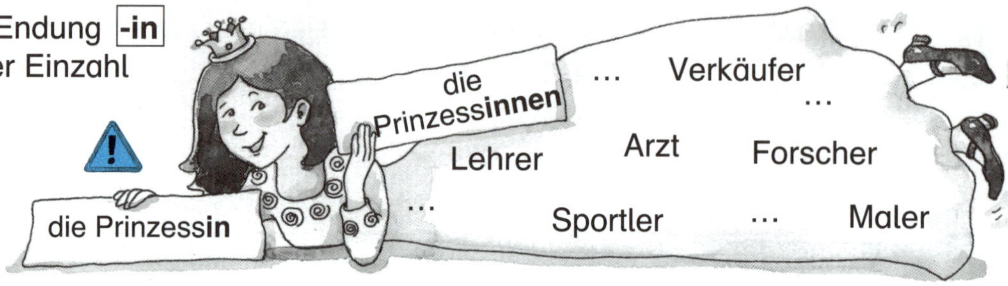

11

Übe den Text:
- Markiere die schwierigen Stellen und mache dir die Schreibweise klar!
- Schreibe den Text in Sinnschritten ab!
- Vergleiche dann mit der Vorlage und korrigiere, wenn nötig!

Der Koffer trug den jungen Mann
in eine unbekannte Stadt.
Dort stand ein großes Schloss.
In einem Fenster brannte helles Licht.
Der junge Mann flog durch das offene Fenster
mitten in das Zimmer hinein.
Hier wohnte eine schöne Prinzessin.
„Woher kommst du?“, wollte sie wissen.
Sie bat ihn: „Bitte erzähle mir
eine spannende Geschichte!“
Der junge Mann begann. ...

12

Was erzählt der junge Mann der Prinzessin? Denke dir eine Geschichte aus!

Bei einem doppelten Mitlaut am Ende des Wortstammes verlängere ich das Wort, um die Schreibweise zu überprüfen!

der Mann ⟷ die Män-ner, der Bettler ⟷ bet-teln
er rannte, er rennt ⟷ ren-nen ⟷ die Rennbahn
hell ⟷ das hel-le Licht
Die Lampe leuchtet hel-ler als die Kerze.

Viele Märchen auf einen Blick

Welcher Satz gehört zu welchem Bild?

○ „Tischlein, deck dich, Esel, streck dich, Knüppel aus dem Sack!“

○ „Warum hast du so große Hände?“ „Damit ich dich besser packen kann!“

○ „Heute back ich, morgen brau ich, ...“

○ „Dicker, fetter Pfannenkuchen, wo willst du denn hin?“

○ „So glücklich wie ich“, rief er aus, „gibt es keinen Menschen unter der Sonne!“

1 Unterstreiche in den Märchensprüchen alle Wörter mit **ck**! Schreibe sie heraus! (Verben in der Grundform)

2 Wie wird der Selbstlaut vor **ck** gesprochen? Kennzeichne ihn: lang _ oder kurz . ?

3 Schreibe die zweisilbigen Wörter mit Silbentrennung! Beispiel: *de-cken* (Achtung: *glück-lich*!)

4 Suche Reimwörter!

packen	decken	glücken
b		
h		

5 Bilde sinnvolle Verben mit Vorsilben!

an- be- auf- aus- ent- ab-

Nach kurzem Mitlaut schreibe ich den k-Laut als **ck**.

die Decke, decken ←*ck*→ *De-cke, de-cken*

6 Bilde zusammengesetzte Nomen und schreibe sie mit Artikel auf!
Beispiel: *der Buchdrucker*

Zug...	Radio...	Buch...	Lese...	Früh...	Puder...	Berg...
Drucker	Rücken	Wecker	Stück	Zucker	Brücke	Ecke

7 Suche zu jedem Verb oder Adjektiv ein verwandtes Nomen!
Beispiele: *wecken - der Wecker, dick - der Dickhäuter*

Achte auf die Großschreibung der Nomen!

wecken – ______ dick – ______

stecken – ______ glücklich – ______

decken – ______ trocken – ______

drucken – ______ schrecklich – ______

8 Stelle Wortfamilien zusammen! Beispiel: *das Glück, glücken, glücklich ...*

backen

das Glück

packen

(Achtung: das Paket!)

9 Wähle verwandte Wörter aus Aufgabe 7 und 8 aus und bilde Sätze damit!
Beispiel: *Der Bäcker backt Gebäck.*

Max und Moritz

Die witzigen Bildergeschichten von Wilhelm Busch sind sehr bekannt. Max und Moritz sitzen nicht gern auf dem Stuhl. Sie nutzen jede Gelegenheit, Unsinn zu machen, und treiben es oft auf die Spitze. Nach jedem Streich flitzen sie wie der Blitz davon.

- Verschmitzt angeln sie ein Hähnchen aus der Pfanne und schmatzen laut beim Verspeisen.
- Mit der Säge ritzen sie einen Steg an.
- Ihrem Onkel Fritz mit der spitzen Mütze stecken sie Maikäfer unter die Matratze.
- In ihrem letzten Streich schlitzen sie Kornsäcke auf.

1 Markiere im Text alle Wörter mit **tz** farbig! Kennzeichne den Selbstlaut vor **tz**: lang _ oder kurz • ?

2 Suche Reimwörter!

sitzen ______________________

Sitz ______________________

Katzen ______________________

schützen ______________________

3 Schreibe die mehrsilbigen Reimwörter mit Silbentrennung! Beispiel: *sprit-zen*

____

____

____

____

4 Schreibe lustige Sätze mit **tz**-Wörtern! Beispiel: *Katzen kratzen mit scharfen Tatzen.*

die Mütze ←tz→ *Müt-ze*

flitzen ←tz→ *flit-zen*

Vor **tz** steht immer ein **kurzer** Selbstlaut!

5 Suche ein verwandtes Verb oder Adjektiv! Beispiele: *der Blitz - blitzen, der Witz - witzig*

Nomen ←→ Verb			**Nomen ←→ Adjektiv**		
der Blitz	–	______	der Witz	–	______
der Sitz	–	______	die Spitze	–	______
die Spritze	–	______	das Gesetz	–	______
der Schutz	–	______	der Schmutz	–	______

6 Bilde die **er-, sie-, es-Form**! Achte darauf: Nach **tz** folgt hier nochmals ein t!
Beispiel: *es nützt*

______
______
______
______
______

Grundform **er-, sie-, es-Form**

7 Erzähle eine Geschichte zu den Bildern! Verwende dabei die Wörter aus der Liste!

Ein neuer Streich von Max und Moritz

Tante Fritzi Katze Spatz Hitze Matratze Mütze Platz Pfütze
sitzen schwitzen putzen spritzen flitzen verschmutzt entsetzt

8 Überprüfe deinen Text mit Hilfe des Wörterbuchs und korrigiere, wenn nötig!
Übe die Wörter, bei denen du Fehler gemacht hast, mit dem **Übungsplan auf S. 65**!

Beweise dein Wissen!

- △ Geruchs- und Atmungsorgan
- ● Schein mit Gewinnaussicht
- ◆ Gefäß für einen Blumenstrauß
- ✙ Frucht mit fester, holziger Schale
- ■ Behälter zum Lagern von Wein oder Bier
- ⇧ Sammelbegriff für Karotten, Erbsen, Kohl, Gurken usw.
- ▙ Übergang im Gebirge oder Ausweis oder Ballzuspiel zwischen zwei Spielern
- ✳ langes fließendes Gewässer
- ◎ Milcherzeugnis, hergestellt mit Hilfe von Lab oder Bakterien
- ✡ hartes, lichtdurchlässiges Material, zerspringt leicht
- ◉ Gerät zur Bestimmung der Himmelsrichtungen
- ⬡ luxuriöser alter Wohnbau oder Sperrvorrichtung für Türen

1 Schlage die Lösungswörter im Wörterbuch nach und schreibe sie mit Artikel auf!

◉ ______	✙ ______	⇧ ______
◆ ______	⬡ ______	● ______
✡ ______	◎ ______	✳ ______
■ ______	▙ ______	△ ______

2 Ordne die Wörter in die Spalten ein und setze die Silbenbögen!
Wie wird der Selbstlaut vor **s** oder **ss** gesprochen: kurz . oder lang _ ?

s	ss

3 Bilde die Mehrzahl (wenn möglich) und schreibe sie mit Silbentrennung!

4 Stelle Wissenskarten her! Beschreibe Begriffe mit **s** oder **ss** in der Mitte oder am Ende des Wortes!

Doppelmitlaut **ss** nach kurzem betontem Selbstlaut!

Bloß ein Wort?

1 Wie oft siehst du die Wörter?

- Diese Wörter sehe ich nur **einmal**: groß, Fleiß,
- Diese Wörter sehe ich **zweimal**: draußen, Maß, Fuß
- Dieses Wort sehe ich **dreimal**: schließen,

2 Markiere **ß** blau und alle vorangehenden Selbstlaute rot!

3 Finde zu jedem Wort ein Reimwort mit **ß**! Kontrolliere mit dem Wörterbuch!

Fleiß	schließen	groß	Fuß
heiß	schießen	Kloß	gruß
draußen		Bloß	
außen		groß	

4 Bilde von diesen Nomen die Mehrzahl: **Fuß, Spaß, Strauß, Maß, Gruß, Stoß, Kloß, Gefäß**!
Setze die Silbenbögen und markiere **ß**! Beispiel: *der Fuß - die Füße*

der Fuß - die Füße, der Spaß - die Späße,
der Strauß - die Sträuße, der Maß - die Mäße
der Gruß - die Grüße, der Stoß - die Stöße

Ich schreibe **ß** nach langem Selbstlaut und Doppellaut **(au, äu, ei, eu).**

Gruß, gießen, Fleiß ⚠ *ß*

 4) der Kloß - die Klöße das Gefäß die Gefäße

5 Bilde zusammengesetzte Nomen mit **Straße** als Grund- und Bestimmungswort! Beispiele: *die Hauptstraße, die Straßenbahn*

6 Bilde auch mit diesen Wörtern zusammengesetzte Nomen!

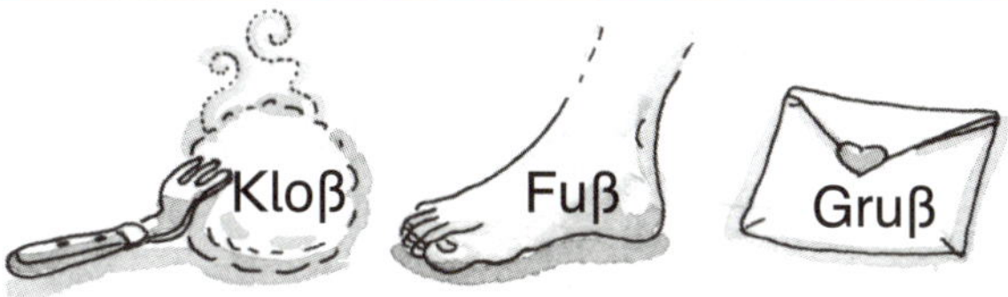

7 Suche zu jedem Nomen ein verwandtes Adjektiv! Beispiel: *der Fleiß – fleißig*
Setze die Adjektive dann vor ein passendes Nomen! Beispiel: *die fleißigen Ameisen*

Nomen	–	Adjektiv	Adjektiv vor einem Nomen:
der Fleiß	–		
die Süßigkeit	–		
der Spaß	–		
das Maß	–		
die Größe	–		

8 Bilde Sätze mit den Adjektiven von Aufgabe 7!
Beispiel: *Die fleißigen Ameisen sind sehr nützlich für den Wald.*

9 Markiere verwandte Wörter mit gleicher Farbe! Schreibe sie auf und rahme den Wortstamm ein! Beispiel: *stoßen, der Stoß*

gießen, Gruß, reißen, Stoß, Fließband, fließen, stoßen, Reißwolf, grüßen, Gießkanne

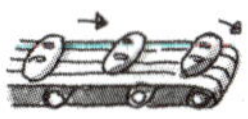

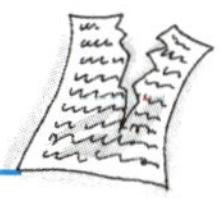

Spaß im Wörterkarussell

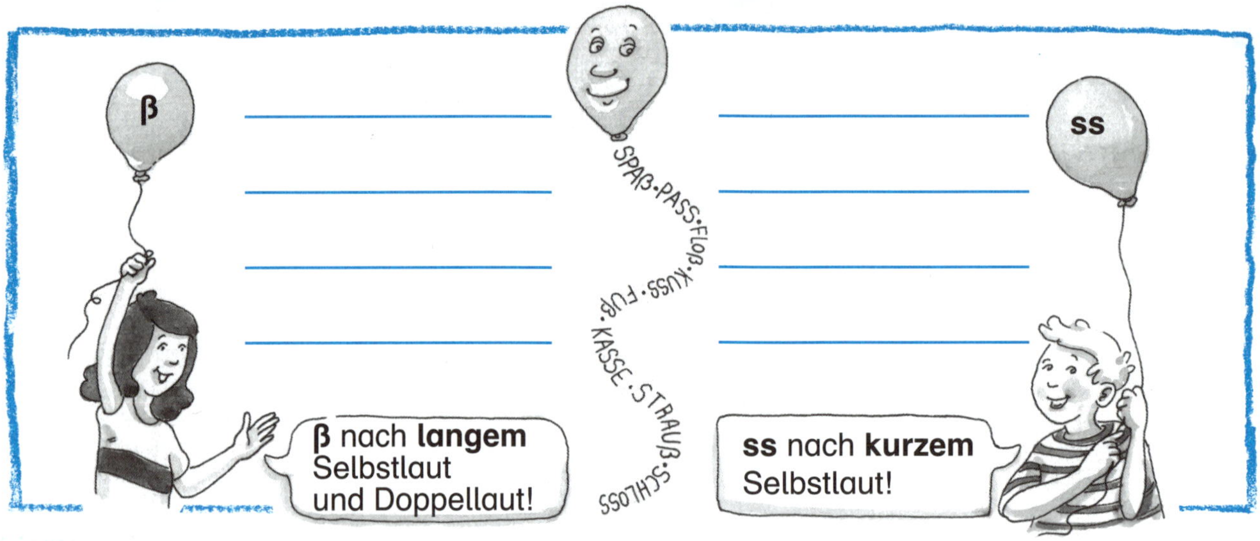

1 Ordne die Wörter! Kennzeichne die Selbstlaute vor **ß** und **ss**: kurz **.** oder lang **_** ?

2 Schreibe die Nomen in der Einzahl und Mehrzahl! Setze die Silbenbögen!
Beispiele: *der Spaß - die Spä-ße, der Pass - die Päs-se*

3 Schreibe die verwandten Wörter jeweils in eine Gondel!
Kennzeichne den Selbstlaut vor **ss** und **ß**: kurz **.** oder lang **_** ?

wissen, er isst, ich ließ, ich weiß, das Gewissen, wissbegierig, lässig, der Esstisch, ich aß, essen, lassen, der Erlass, essbar, ich wusste, er lässt

4 Schreibe Sätze mit den Wörtern einer Wortfamilie!

5 Schreibe die Verben in der Gegenwart und 1. Vergangenheit!
Beispiel: *er fließt - er floss*

Gegenwart	**er-, sie-, es-Form**	**1. Vergangenheit**

6 Suche zu jedem Verb von Aufgabe 5 ein verwandtes Nomen und Adjektiv!
Kennzeichne den betonten Selbstlaut: lang _ oder kurz •?
Beispiel: *fließen - der Fluss - flüssig*

____

____

____

7 Fülle die Lücken aus!

fließen - er floss - der Flu ___ - flü ___ ig - das Flie ___ band

schlie ___ en - es schlo ___ - das Schlo ___ - das Schlie ___ fach

gie ___ en - sie go ___ - der Regengu ___ - die Gie ___ kanne

me ___ en - sie mi ___ t - das Ma ___ - unerme ___ lich

verge ___ en - er vergi ___ t - er verga ___ - verge ___ lich

fre ___ en - er fri ___ t - er fra ___ - der Fra ___ - verfre ___ en

bei ___ en - er bei ___ t - der Bi ___ - das Gebi ___ - bi ___ ig

reißen - es rei ___ t - der Ri ___ - der Rei ___ verschlu ___

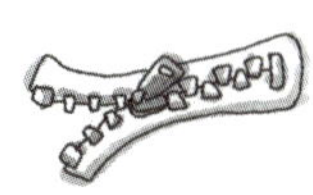

8 Bilde mit einigen Wörtern Sätze!

In manchen Wortfamilien wechselt die Schreibweise: **ss** oder **ß**!

essen, ich aß, die Esswaren, essbar
beißen, er beißt, der Biss, bissig, ein bisschen

9 Hier klingt der s-Laut gleich, wird aber unterschiedlich geschrieben.
Verlängere die Wörter und zerlege sie in Silben!
Beispiel: *rei-ßen - rei-sen; spa-ßig - die Glä-ser*

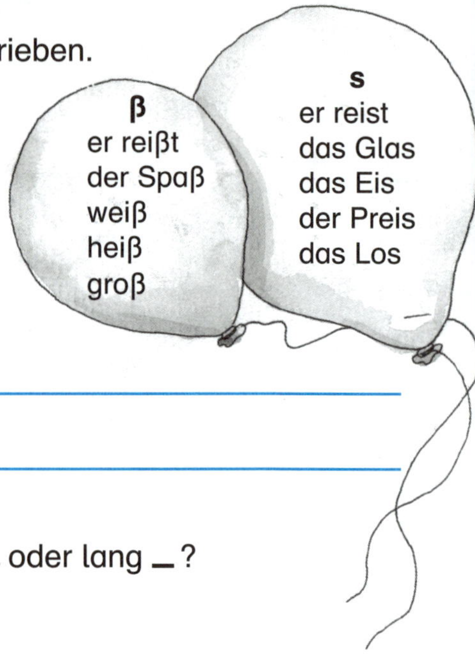

10 Markiere **ss** und **ß**! Kennzeichne den Selbstlaut davor: kurz **.** oder lang **_**?
Ordne die Wörter ein!

Im Freizeitpark

Die Eltern beschlossen, mit Marina und Simon einen Freizeitpark zu besuchen. Sie reisten mit dem Auto an. An der Kasse lösten sie eine Familienkarte zum ermäßigten Preis. Lustige Clowns rissen am Eingang die Karten ab.
Nun konnte der Spaß beginnen!
Marina freute sich auf eine Fahrt mit der Wildwasserbahn. Simon fuhr mehrmals mit dem großen Karussell. Mit einem einzigen Schuss traf Vater eine Rose. Mutter kaufte ein Los und gewann einen Blumenstrauß. Am Eisstand wünschte sich Marina ein Eis mit Schokosoße. Die anderen aßen lieber eine Bratwurst.
Alle genossen den schönen Tag.

ß	ss

11 Schreibe den Text in dein Heft und setze dabei die Verben in die Gegenwart!
Die Eltern beschließen, ...

12 Sicher warst du auch schon einmal auf einem Volksfest oder in einem Freizeitpark.
Erzähle!

Gewusst wie – das oder dass?

1 Markiere in den Sprechblasen **das** oder **dass** nach einem Komma!

2 Bei einigen Sätzen kannst du das markierte Wort durch **welches** ersetzen.
Schreibe diese Sätze auf!

____

____

____

____

3 Unterstreiche das Nomen, auf das sich **das/welches** bezieht!
Beispiel: ... ein <u>Auto</u> ... , <u>das</u> ...

4 Setze **das** oder **dass** richtig ein!

Es faszinierte mich, ________ man Experimente mit Strom durchführen konnte.

Ich habe ein Segelschiff gesehen, ________ einen hohen Mast hatte.

Mir hat das Laufrad gefallen, ________ ein Vorgänger unseres Fahrrads war.

Ich war begeistert, ________ es so viele Modelle von Bauwerken zu sehen gab.

Ich war überrascht, ________ der erste Computer so groß wie ein Haus war.

Ich habe ein Fernrohr gesehen, ________ Galilei konstruiert hat.

5 Sicher hast du auch schon einmal ein Museum oder ein Ausstellung in deiner Nähe besucht. Erzähle davon!

Alles in einem Boot

1 Welche Doppelselbstlaute passen? Setze ein und schreibe die Wörter nach ihren Merkstellen geordnet auf!

⚠ aa ______

⚠ ee ______

______

⚠ oo ______

2 Überprüfe die Groß- und Kleinschreibung bei Aufgabe 1!

- Diese zwei Wörter schreibt man klein: ______
- Dieses Wort gibt es mit Groß- und Kleinschreibung: ______

3 Bilde Sätze mit **Paar** und **paar**! Beispiele: *Er kauft ein Paar neue Schuhe. – Darf ich mir ein paar Kekse nehmen?*

4 Setze nach jedem Wort einen Strich! Schreibe die Wörter mit Artikel auf und markiere die Merkstellen! Beispiel: *der Aal*

______

______

5 Ordne die Wörter nach dem ABC!

6 Welche Boote kennst du? Bilde zusammengesetzte Namenwörter!

Motor, Gummi, Fischer, ...
paddeln, falten, schnell, ...

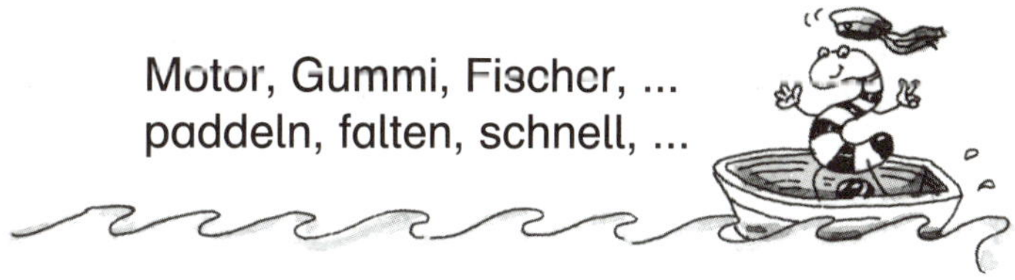

7 Bilde zusammengesetzte Nomen mit den Wörtern als Grund- und Bestimmungswort!
Beispiel: *der Waldsee, der Seemann*

? — 

— ?

? — 

— ?

? — 

— ?

8 Welche Wörter aus Aufgabe 1 und 4 passen?

Tiere: ______________________ **Gewässer:** ______________________

Pflanzen: ______________________

9 Suche verwandte Wörter!

paar, Paar ______________________

Haar ______________________

leer ______________________

10 Schreibe Sätzen, in denen viele Wörter mit doppeltem Selbstlaut vorkommen!

11 

Die kleine Seefee lädt ein zu Kaffee und Tee am großen Feensee.
Schreibe eine Einladung!

Wörter mit doppeltem Selbstlaut merke ich mir und übe sie nach dem Übungsplan von **S. 65**!

Haar, Meer, Boot ⚠ *aa ee oo*

Geh mit in die Höhle!

1 Sprich die Wörter deutlich! Male die Felder farbig an, bei denen du **-h** hören kannst!

2 Schreibe die Verben in der gebeugten Form und in der Grundform (mit Silbentrennung)! Markiere **-h**! Beispiel: *es zieht - zie-hen*

3 Ergänze die Einzahl oder Mehrzahl! Schreibe die Mehrzahl mit Silbentrennung! Markiere **-h**! Beispiel: *das Reh - die Rehe, Re-he*

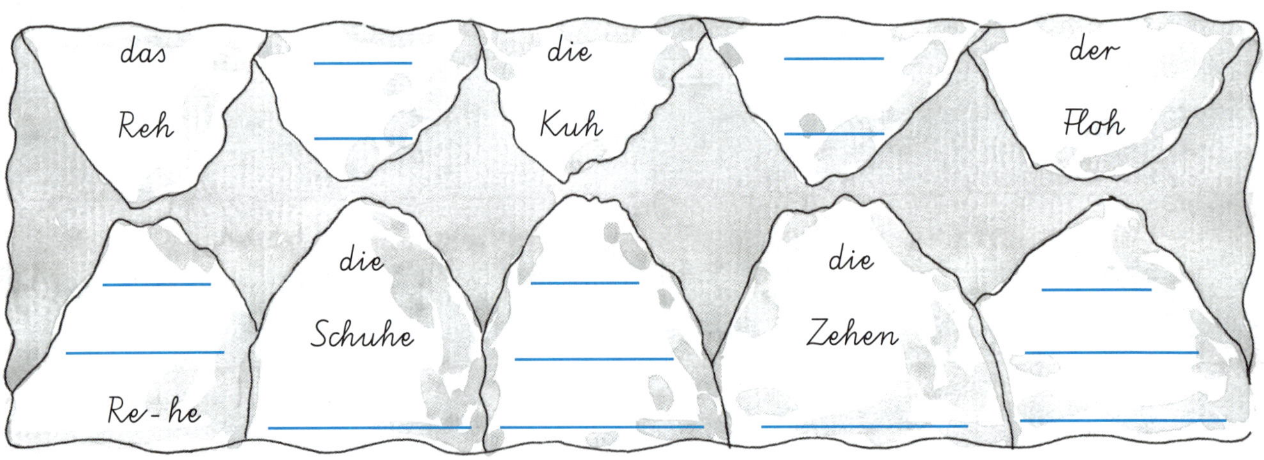

4

Setze passende Adjektive ein!

Es ist ________ am Morgen. Die Höhle liegt ________ am Wald.

Die Kinder sind ________, dass sie den steilen Weg

hinter sich haben.

5

Setze jedes Adjektiv aus der Liste vor ein passendes Nomen!
Markiere **-h**! Beispiel: *der rohe Schinken*

____

____

____

6

Verwende die Adjektive in Sätzen! Beispiel:
Die Kinder essen Brote mit rohem Schinken.

7

Bilde zusammengesetzte Nomen! Markiere **-h**! Beispiel: *nähen - die Nähmaschine*

glühen	Maschine
nähen	Birne
gehen	Stoff
stehen	Verkehr
drehen	Lampe
früh	Stück
roh	Tür
nah	Weg

____

____

____

____

8

Spure die verwandten Wörter mit gleicher Farbe nach! Schreibe die Wortfamilien auf und markiere **-h**! Beispiel: *die Nähe, sich nähern, nah, ...*

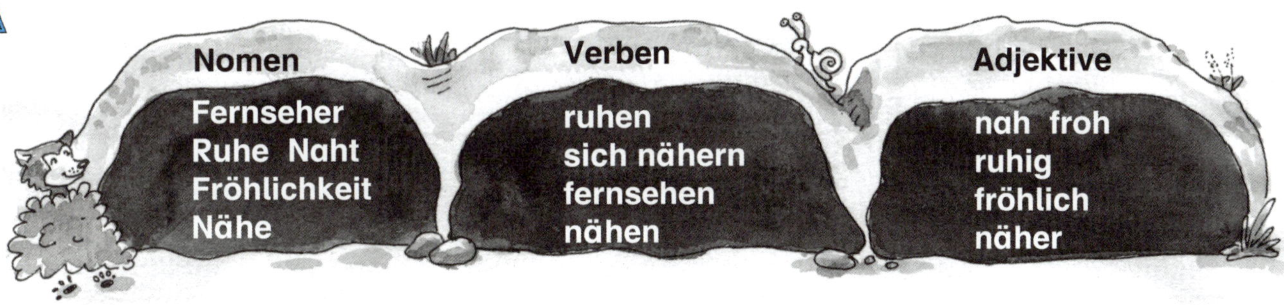

9

Suche weitere Wörter zu diesen Wortfamilien!

Hier kann ich **-h** hören, wenn ich das Wort verlängere.

es zieht ← h → *zie-hen*
das Reh ← h → *die Re-he*
nah ← h → *nä-her, die Nä-he*

10 Unterstreiche die Wörter mit **-h** nach langem Selbstlaut!

Wir fahren mit der Bahn zu der Höhle. An der Kasse bezahlen wir.
Schon am Eingang fühlen wir einen kühlen Lufthauch.
Ein älterer Herr führt uns durch schmale Gänge und riesige Hallen.
Er erzählt uns, dass hier vor Jahrtausenden Menschen
der Steinzeit wohnten.

11 Fülle die Tabelle mit den Verben von Aufgabe 10 aus! Rahme den Wortstamm ein!
Beispiel: *fahren, er fährt - die Fahrt, der Fahrer, ...*

Verb: Grundform, er-/sie-/es-Form	**verwandte Nomen**

12 Welche Wörter passen als Grund- und Bestimmungswort zu den angegebenen Wörtern?
Trage sie ein und bilde zusammengesetzte Nomen!

Felsen
Tropfstein
...

Bär
Bewohner
...

Stadt
Straßen
...

Fahrt
Hof
...

Hier kann ich **-h** auch in verlängerten Formen nicht hören!

Ich präge mir die Wörter von **Aufgabe 10** und **13** ein und übe sie mit dem Übungsplan auf **S. 65**!

13 Markiere **-h** und den darauf folgenden Mitlaut und ordne die Wörter! Beispiel: *ähnlich*

ähnlich Bahn bohren ehrlich erzählen Fehler fühlen führen hohl Jahr
kühl lahm Lehrerin mehr Nahrung nehmen ohne Sohn Stuhl
umkehren Verkehr Vorfahrt wählen wohnen Zahl zahm Zahn zehn

-hl ______________________________

____

-hm ______________________________

____

-hn ______________________________

____

-hr ______________________________

____

____

14 Suche weitere Beispiele für jede Gruppe!

15 Finde verwandte Wörter! Schreibe sie in dein Heft und rahme den Wortstamm ein!
Beispiel: *fahren, die Erfahrung, ...*

Er-, er-
Vor-, vor-

-en
-t, -ung,
-er, -in

Ab-, ab-, ge-

-en, -t
-er, -e, -ung

Vorsilben **Stamm** **Endungen** **Vorsilben** **Stamm** **Endungen**

16 Bilde auch mit deinen Wörtern von Aufgabe 14 verwandte Wörter!

17 Sieh dir den Text von Aufgabe 10 noch einmal genau an und lass ihn dir dann von deinem Partner diktieren! Vergleiche mit der Vorlage und verbessere, wenn nötig!

Wenn ich mir *ein* Wort einpräge, dann weiß ich, wie ich die verwandten Wörter schreiben muss!

fahren, die Fahrt, der Fahrer, ...
es fährt, die Fährte, die Fähre, ...
die Gefahr, gefährlich

Burgleben in der Vergangenheit

Im Mittelalter lebten die Ritter auf Burgen, die oft einsam und frei gelegen waren. In ihrem Schutz fühlten sich alle Burgbewohner und auch die Bauern in der Umgebung sicher.
Der Burgherr sollte klug und weise Recht sprechen.
Die Bauern mussten dafür wichtige Dienste leisten und die Burg mit Nahrung versorgen.
Die Ritter kämpften trotz ihrer Rüstung sehr beweglich.
Bei Turnieren ritten sie wendig aufeinander zu und stürzten sich kühn in den Zweikampf.
Am Abend besangen Minnesänger die schönen Damen und berichteten von wahren Begebenheiten. Fröhliche Spaßmacher brachten ihr Publikum zum Lachen.
Trotzdem war das Leben auf einer Burg nicht einfach. Im dunklen Winter und in trockenen Sommern litten Mensch und Tier oft bittere Not, wurden krank und starben.

1 Unterstreiche im Text alle Adjektive! Schreibe sie auf!

2 Bilde mit diesen Adjektiven und den Endungen **-heit** und **-keit** sinnvolle Nomen!
Beispiele: *die Einsamkeit, die Freiheit*

-heit

-keit

3 Bilde weitere Nomen mit **-heit** und **-keit** !

4 Mit diesen Adjektiven kannst du Nomen mit der Endung **-keit** bilden.
Schlage bei den Wörtern mit **!** im Wörterbuch nach, denn hier gibt es eine Besonderheit!

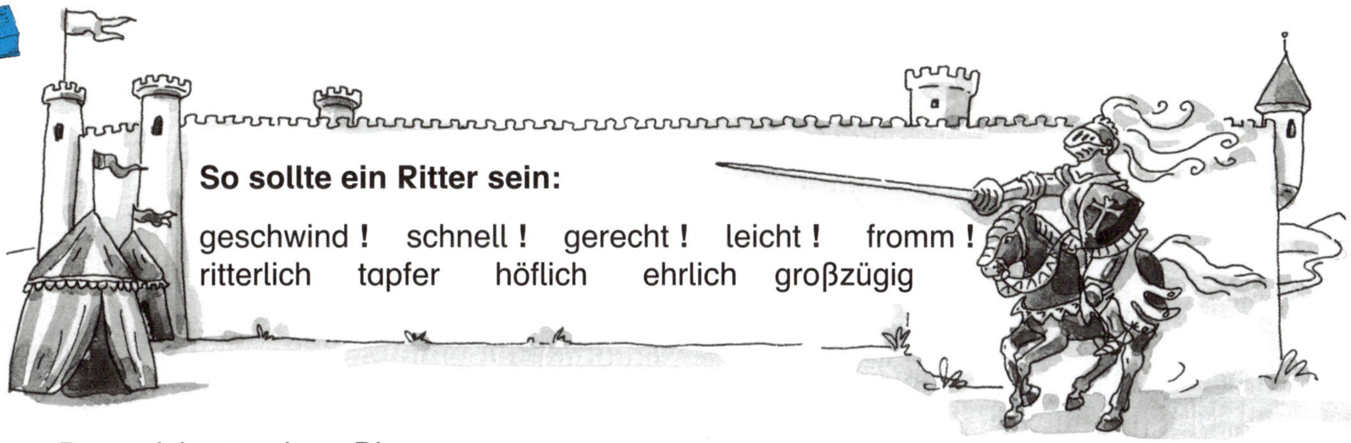

Das zeichnete einen Ritter aus:

5 Welche Wörter in den Aufgaben 1 – 4 bilden Gegensatzpaare?
Beispiel: *langsam - schnell, die Langsamkeit - die Schnelligkeit*

6 Mit einer Zeitmaschine reist du in die Vergangenheit und besuchst eine Ritterburg. Erzähle!

Wörter mit der Endung **-heit** oder **-keit** sind **Nomen**. Wir schreiben sie **groß**!

dunkel - die Dunkelheit
tapfer - die Tapferkeit,
hell - die Helligkeit

Aus Klecksis Lexikon

A
das **Abitur**
abwe__eln
die **A__e**
die **A__el**
der **Advent**
der **Ahorn**
Ale_ander
die **Allergie**
der **Amateur**
die **Angina**
das **Aquarium**
die **A_t**

E
die **E__e**
die **Egge**
die **Eide__e**
die **Energie**
die **Etage**
Europa
das **Evangelium**
das **E_amen**
die **E_pedition**
die **E_plosion**
der **E_press**
e_tra

L
der **La__**
der **Laptop**
die **Lawine**
das **Le_ikon**
das **Lineal**
der **Lotse**
das **Lotto**
der **Lu__**
die **Lupe**
der **Lurch**
Lu_emburg
der **Lu_us**

1 **chs** oder **x**? Ordne die Wörter mit Klecks richtig ein!
Kontrolliere mit einem Wörterbuch!

chs ______________________

____

____

x ______________________

____

____

2 Bilde zusammengesetzte Wörter!

Wachs Kerze Malstifte	auf an **wachsen**	ab ver **wechseln**
______	______	______
______	______	______

3 Auch bei diesen Wörtern hörst du einen **ks**-Laut.
Markiere die entsprechende Buchstabengruppe!

Klecks Knacks Knicks **flugs** schnurstracks

unterwegs Keks *mucksen* *tricksen*

tagsüber **links** Koks

4 Schreibe die Wörter jeder Buchstabengruppe nach dem ABC geordnet auf!

cks ______________________________

gs ______________________________

ks ______________________________

5 Bilde mit dem Wortbaustein tags weitere Zusammensetzungen!
Beispiele: *werktags, freitags*

6 Welche Wörter mit einem **ks**-Laut sind gemeint?

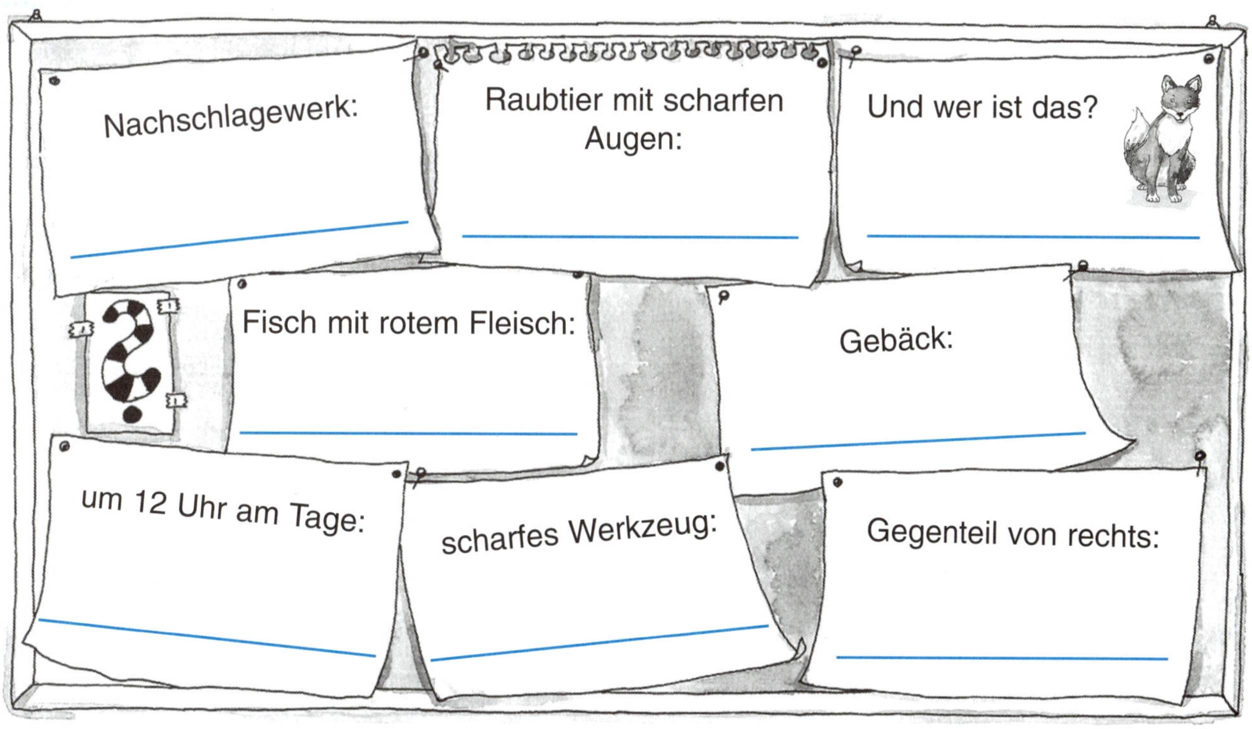

Der **ks**-Laut wird in manchen Wörtern auch mit **cks**, **ks** oder **gs** geschrieben.

Übe die Wörter mit dem **ks**-Laut mit dem **Übungsplan** auf **S. 65**!

E-Mail für Marina und Simon

Liebe Marina, lieber Simon,
heute haben wir uns in der Schule mit Wörtern aus anderen Sprachen beschäftigt. Wir mussten viele Fremdwörter im Lexikon nachschlagen. Als Hausaufgabe sollten wir ein Fremdwörter-ABC zusammenstellen. Ihr findet es im Anhang. Ich würde mich freuen, wenn ihr euch auch ein Fremdwörter-ABC ausdenkt und es mir dann per E-Mail schickt.
Viele Grüße!
Eure Renate

Mein Fremdwörter-ABC

Mein Fremdwörter-ABC
Adjektiv, Baby, Clown, Diskette, E-Mail, Fax, Grapefruit, Handy, Informatiker, Joystick, Ketschup, Laptop, multiplizieren, Nomen, Orange, Pizza, quadratisch, Radio, subtrahieren, trainieren, Universität, Vokal, Walkman, Xylophon, Yacht, Zucchini

1 Welche Fremdwörter aus der E-Mail kennst du? Markiere sie!
Schlage die anderen Wörter im Lexikon nach!

2 Ordne die Fremdwörter den angegebenen Bereichen zu!
Schreibe Nomen mit Artikel!

Deutsch: ______________________

Mathematik: ______________________

____

moderne Technik: ______________________

____

Ernährung: ______________________

____

Menschen: ______________________

Drei Wörter bleiben übrig: ______________________

3 Erstelle selbst ein Fremdwörter-ABC!

Ich übe Wörter aus dem Grundwortschatz

- Ich suche zu Wörtern mit **ä**, **äu**, **ö** oder **ü** ein verwandtes Wort mit **a**, **au**, **o** oder **u**, zum Beispiel mit dem Anfangsbuchstaben **G g**: *Gebäude - bauen, ...*

- Ich sortiere Wörter nach der **Zahl der Buchstaben**, zum Beispiel die Wörter mit dem Anfangsbuchstaben **R r**: *Reh, Rehe, Ruhe, ...*

- Ich trenne Wörter nach ihren **Schreibsilben**, zum Beispiel die Wörter mit dem Anfangsbuchstaben **H h**: *Han-dy, ...*

- Ich suche **Nomen** (Namenwörter) und schreibe sie mit Artikel (Begleiter) in Einzahl und Mehrzahl auf, zum Beispiel die Nomen mit dem Anfangsbuchstaben **L l**:
  das Land - die Länder, ...
  Ich bilde auch **zusammengesetzte Nomen**: *das Landleben, Deutschland, ...*

- Ich suche **Verben** (Tunwörter) und schreibe sie in der Grundform und in der gebeugten Form, zum Beispiel die Verben mit dem Anfangsbuchstaben **k**: *kämmen, sie kämmt, ...*

- Ich suche **Adjektive** (Wiewörter) und ordne sie Nomen (Namenwörtern) zu, zum Beispiel die Adjektive mit dem Anfangsbuchstaben **s**: *scharf - ein scharfes Messer, ...*

- Ich sammle Wörter mit **Vorsilben** (**ver-, vor-, ent-, er-, ge-, ...**).

- Ich sammle Nomen (Namenwörter) mit den Endungen **-ung, -heit, -keit, -nis** und Adjektive (Wiewörter) mit den Endungen **-ig, -lich**.

- Ich stelle **Wortfamilien** zusammen, z. B.: *ärgern - der Ärger, ärgerlich, verärgern, ...*

- Ich wähle einen bestimmten Rechtschreibfall aus dem **Überblick S. 62/63** und sammle Beispiele dazu.

- Ich lege für schwierige Wörter eine Karteikarte an und übe sie nach dem **Übungsplan** auf **Seite 65**.

- Ich lasse mir von meinem Partner fünf Wörter aus der Wörterliste **diktieren**. Dann schaue ich in der Wörterliste nach und kontrolliere.

Denke dir weitere Möglichkeiten aus, wie du üben kannst!

Grundwortschatz für die Jahrgangsstufen 3 und 4

A a

ähnlich
anders, ändern
Angst, ängstlich
ärgern
Arzt, Ärztin
aufräumen, Raum
aufwecken, Wecker
außen

B b

backen, Bäcker
Bahn
beginnen, begann, begonnen
Beispiel
beißen, biss
beobachten
bequem
bereits, bereit
Beruf
besser
Bett
bevor
biegen, bog
bisschen
blicken, Blick
blind, Blinde
Blitz, blitzen
Block
bloß
bohren
Boot
boxen
Brand
brav
brennen, brannte
Brille
Brücke

C c

Christ
Clown

D d

Decke, entdecken
deutlich
deutsch, Deutschland
dick
Diskette
Donner, donnern
Draht, Drähte
draußen
dreckig, Dreck
drehen
drücken, Druck
dumm, Dummheit
dünn
Durst, durstig

E e

Ecke, eckig
ehrlich
eigentlich
empfinden, empfindlich
entfernen, Entfernung
entgegen
entwickeln, Entwicklung
erlauben, Erlaubnis
erleben, Erlebnis
erwarten, Erwartung
erzählen, Erzählung
Europa

F f

Fehler, fehlerfrei
Ferien
Fernseher, fernsehen
fertig
fett, Fett
feucht, Feuchtigkeit
Feuer
Fichte
Fleiß, fleißig
fließen, floss
Flugzeug
Fluss, Flüsse
Flüssigkeit
frei, Freiheit
fressen, frisst, fraß
Frieden, friedlich
frieren, fror
fröhlich, Fröhlichkeit
Fuchs
fühlen, Gefühl
führen, Führung

G g

Gebäude, bauen
Geburt, Geburtstag
Gefahr, gefährlich
geheim, Geheimnis
Gemeinde
Geschäft, schaffen
geschehen, geschieht
Gesetz
gewinnen, gewann, gewonnen
Gewitter
gießen, goss
glatt
Glück, glücklich
glühen
Gott
grüßen

H h

Handy
hängen, Hang
hart, härter
häufig, Haufen
heizen, Heizung
herstellen, Herstellung
Hitze
hoffen, hoffentlich
Höhe
Höhle, hohl
Hunger, hungrig

I i

impfen, Impfung
Information, informieren
Interesse, interessant

J j

jemand, jemanden
Jugend, jugendlich
jung

K k

Käfig
Kamm, kämmen
kennen, kannte
Kiefer
klar, erklären
klettern
Kompass
kräftig, Kraft
kratzen
Kreuz, Kreuzung
kriechen, kroch
Krieg, Kriege
kühl, kühlen
Kuss

L l

Land, Länder
lang, länger
Lärm
lassen, lässt
Laub
Lehrer, Lehrerin
letzte, letzter
leuchten
Lied, Lieder
links
Löffel
Lohn, belohnen

M m

Magnet
Maschine
Maß
Medien
Meer
mehr
messen, misst, maß
Messer
Miete
Mittag, Mitte
mixen
Moos
Müll

N n

nah, Nähe
nähen, Naht
Nahrung, ernähren
nass, Nässe
Natur, natürlich
niemals
niemand, niemanden
Nummer, nummerieren
Nuss
nützen, nützlich

O o

offen
ohne

P p

packen, Päckchen
Paket
Pass, Pässe
passen
Pilz
plötzlich
Programm

Qu qu

quälen, Qual
Quelle

R r

Radio
raten, Rätsel
rechts
Recycling
Reh, Rehe
reißen, riss
rennen, rannte
richtig
riechen, Geruch
Ruhe, ruhig
rühren

S s

sammeln, Sammlung
Schall
schalten, Schalter
scharf, Schärfe
Schatten
schieben, schob
schief
schimpfen
schließen, schloss
schließlich
Schlüssel
schmecken
Schmutz, schmutzig
Schreck, schrecklich, erschrecken
schütteln
schützen, Schutz
schweigen, schwieg
schwierig, Schwierigkeit
schwimmen, schwamm, geschwommen
schwitzen
See
setzen, besetzt
Skizze, skizzieren
Spaß, Späße
spät, verspäten
Spaziergang, spazieren
Spiegel, spiegeln
Spitze, spitz
Stadt, Städte
Stamm, Stämme
stark, stärken
Steuer, steuern
Stiel
stimmen, bestimmt
Stoff
Strand, Strände
Straße
Strauß, Sträuße
streiten, Streit
strömen, Strom
Stück
Stuhl
Sturm, stürmisch
süß, Süßigkeit

T t

Tanne
Tasse
tausend, tausende
Taxi
Technik
Teller
Text
Theater
tief, Tiefe
Träne
Traum, träumen
treffen, trifft, traf, getroffen
treu
trocken

U u

überqueren
umkehren
ungefähr
Unterricht
Urlaub

V v

Vase
verbieten, verbot
verbrauchen
verbrennen, verbrannte, Verbrennung
Verein, vereinen
vergessen, vergisst, vergaß
verletzen, Verletzung
verlieren, verlor
verpacken, Verpackung
verschmutzen, Verschmutzung
vielleicht
voll, vollständig
Vorfahrt
vorsichtig, Vorsicht

W w

wachsen, wuchs, Gewächs
wählen, Wahl
während
Wald, Wälder
wechseln
wichtig
wiegen, wog
wild, wilde
wissen, weiß, wusste

Z z

zeichnen
Zeitung
Zeugnis
ziehen, zog
Ziel, zielen
Zukunft, zukünftig
zuletzt
zurück

Im Überblick

Bei Wörtern mit **ä** oder **äu** suche ich mir verwandte Wörter mit **a** oder **au**:

er **hält** → **halten**

er **räumt** → der **Raum**

Ich merke mir Wörter mit **V,v**.

der **Vater** **brav**
die **Vase** **bravo**

Die Vorsilben **ver-/Ver-** und **vor-/Vor-** schreibe ich immer mit **v/V**!

versuchen
die **Vorfahrt**

Bei betontem **langem i-Laut** schreibe ich meistens **ie**!

das **Ziel** **nummerieren**

ß steht nur nach einem langen Selbstlaut oder einem Doppellaut.
Ich merke mir Wörter mit **ß**.

der **Spaß**
weiß

Diese Wörter muss ich mir merken:

das **Krokodil** die **Bibel**

die **Apfelsine**

-ig oder **-lich**?

Ich setze Wiewörter mit den Endungen **-ig** und **-lich** vor ein Namenwort.

stachelig
der **stachelige** Igel
glücklich
das **glückliche** Kind

b, d, g oder **p, t, k** am Ende des Wortstammes?

Ich setze Nomen in die **Mehrzahl**, Verben in die **Grundform** und Adjektive **vor ein Nomen**.

das **Land** → die **Länder**
er **fliegt** → **fliegen**
gelb → **gelbe Zitronen**

Ich merke mir Wörter mit dem **ks-Laut**.

die **Hexe**
der **Fuchs**
mittags
links **klecksen**

Vor **tz** und **ck** steht immer ein kurzer Selbstlaut.

die **Katze** die **Schnecke**

Ich trenne so:
Kat-ze

aber: **Schne-cke**

-h?

Ich setze Nomen in die **Mehrzahl** und Verben in die **Grundform**.

die **Kuh** → die **Kü-he**

er **zieht** → **zie-hen**

Bei manchen Wörtern mit **-h** höre ich **-h** nicht.
Ich merke sie mir.

fahren
der **Sohn**

Nach kurzem betontem Selbstlaut folgen zwei **verschiedene** Mitlaute oder zwei **gleiche** Mitlaute (**„Doppelmitlaut“**).

das **Zelt** die **Tinte**

der **Stamm** → die **Stäm-me**
er **rennt** → **ren-nen**
schnell → das **schnel-le** Auto

Bei zusammengesetzten Nomen wird manchmal ein **Fugen-s** eingefügt.

das **Geburtstagsfest**

Bei zusammengesetzten Wörtern können **zwei gleiche Buchstaben** zusammentreffen.

das **Wasserrad**
verrechnen

Wörter mit **verdoppeltem Selbstlaut** merke ich mir.

das **Haar** der **See**
das **Boot**

Fremdwörter muss ich mir merken.

das **Recycling**
die **E-Mail**

Wortarten

Nomen
(Namenwörter) sind Namen für **Menschen, Tiere, Pflanzen** und **Dinge.**

Kind, Katze, Baum, Tasche

Nomen
schreibe ich **groß**.

Nomen
(Namenwörter) haben einen **Artikel** (Begleiter):

der – die – das

ein – eine

Verben
(Tunwörter) sagen, was Menschen, Tiere, Pflanzen und Dinge **tun** oder was **geschieht.**

fliegen – er **fliegt**

↗ **Grundform** ↖ **gebeugte Form**

Nomen
(Namenwörter) können in der **Einzahl** und **Mehrzahl** stehen.

das Kind – die Kinder

der Baum – die Bäume

Auch Wörter für Gedanken, Gefühle und Zeitbegriffe sind **Nomen** (Namenwörter):

die **Angst**,
das **Geheimnis**,
der **Tag**

Adjektive
(Wiewörter) sagen, **wie** Menschen, Tiere, Pflanzen und Dinge sind.

der **lustige** Clown
Der Clown ist **lustig**.

das **freundliche** Kind
Das Kind ist **freundlich.**

Zusammengesetzte Nomen kann ich **zerlegen.**

Schlüsselloch
Schlüssel Loch

Geburtstagskuchen
Geburt Tag Kuchen

Mit den Wortbausteinen **-ung, -nis, -heit, -keit** kann ich aus Verben oder Adjektiven **Nomen** bilden:

kreuzen → die **Kreuzung**
geheim → das **Geheimnis**
frei → die **Freiheit**
krank → die **Krankheit**